小学校英語 えいごなぞなぞBOOK

西垣 知佳子
渋谷 玉輝　共著
クルソン・デビッド

開隆堂

えいごなぞなぞ BOOK

もくじ

※本書の「えいごなぞなぞ」の各ページには，ヒント英文の音声がダウンロードできるQRコードがついています。QRコードが読みこめない場合には以下のURLよりアクセスしてください。

http://www.kairyudo.co.jp/nznzbk

まえがき…5　　本書の使い方…6　　ヒント英文で使われている英語…9

くだもの
- ❶ apple…12
- ❷ banana…13
- ❸ cherry…14
- ❹ grapes…15
- ❺ kiwi fruit…16
- ❻ lemon…17
- ❼ melon…18
- ❽ orange…19
- ❾ peach…20
- ❿ pineapple…21
- ⓫ strawberry…22
- ⓬ watermelon…23

野菜・食材
- ⓭ broccoli…24
- ⓮ cabbage…25
- ⓯ carrot…26
- ⓰ corn…27
- ⓱ cucumber…28
- ⓲ egg…29
- ⓳ green pepper…30
- ⓴ lettuce…31
- ㉑ mushroom…32
- ㉒ onion…33
- ㉓ potato…34
- ㉔ tomato…35

飲み物
- ㉕ Japanese tea…36
- ㉖ milk…37
- ㉗ *miso* soup…38
- ㉘ soup…39

おかし
- ㉙ chips…40
- ㉚ chocolate…41
- ㉛ donut…42
- ㉜ ice cream…43
- ㉝ jam…44
- ㉞ parfait…45
- ㉟ popcorn…46
- ㊱ pudding…47
- ㊲ shaved ice…48

メニュー

- ㊳ bread … 49
- ㊴ curry and rice … 50
- ㊵ French fries … 51
- ㊶ fried chicken … 52
- ㊷ grilled fish … 53
- ㊸ hamburger … 54
- ㊹ pizza … 55
- ㊺ salad … 56
- ㊻ spaghetti … 57
- ㊼ steak … 58
- ㊽ yogurt … 59

楽器

- ㊾ drum … 60
- ㊿ piano … 61
- 51 recorder … 62
- 52 violin … 63

スポーツ

- 53 baseball … 64
- 54 basketball … 65
- 55 judo … 66
- 56 kendo … 67
- 57 rugby … 68
- 58 soccer … 69
- 59 table tennis … 70
- 60 volleyball … 71
- 61 wheelchair tennis … 72

遊び・しゅ味

- 62 camping … 73
- 63 unicycle … 74

お店

- 64 bookstore … 75
- 65 convenience store … 76
- 66 gas station … 77
- 67 restaurant … 78

建物

- 68 amusement park … 79
- 69 aquarium … 80
- 70 fire station … 81
- 71 hospital … 82
- 72 library … 83
- 73 park … 84
- 74 police station … 85
- 75 post office … 86
- 76 school … 87
- 77 shrine … 88
- 78 station … 89
- 79 zoo … 90

季節

- ⑧⓪ spring … 91
- ⑧① summer … 92
- ⑧② fall (autumn) … 93
- ⑧③ winter … 94

学校行事

- ⑧④ music festival … 95
- ⑧⑤ sports day … 96
- ⑧⑥ school trip … 97

行事

- ⑧⑦ Children's Day … 98
- ⑧⑧ Doll's Festival … 99
- ⑧⑨ fireworks festival … 100
- ⑨⓪ New Year's Day … 101
- ⑨① New Year's Eve … 102
- ⑨② star festival … 103

自然

- ⑨③ beach … 104
- ⑨④ lake … 105
- ⑨⑤ mountain … 106
- ⑨⑥ river … 107
- ⑨⑦ sea … 108

国名

- ⑨⑧ the U.S.A. … 109
- ⑨⑨ Australia … 110
- ⑩⓪ Brazil … 111
- ⑩① Canada … 112
- ⑩② China … 113
- ⑩③ Egypt … 114
- ⑩④ France … 115
- ⑩⑤ Germany … 116
- ⑩⑥ India … 117
- ⑩⑦ Italy … 118
- ⑩⑧ Japan … 119
- ⑩⑨ Russia … 120
- ⑪⓪ Spain … 121
- ⑪① Thailand … 122

職業

- ⑪② astronaut … 123
- ⑪③ baker … 124
- ⑪④ comedian … 125
- ⑪⑤ cook … 126
- ⑪⑥ doctor … 127
- ⑪⑦ farmer … 128
- ⑪⑧ fire fighter … 129
- ⑪⑨ pilot … 130
- ⑫⓪ police officer … 131
- ⑫① singer … 132
- ⑫② teacher … 133
- ⑫③ vet … 134

えいごなぞなぞ 文字学習編 … 135

まえがき

　子どもたちは「なぞなぞ」が大好きです。英語でなぞなぞをしている時の子どもたちは，英語を使っていることを意識していません。なぞなぞそのものを楽しんでいます。答えを当てたくて，**自然と英語をよく聞いて，思考して，判断して**正解を出します。第二言語習得の入口は聞き取りと言われますが，『えいごなぞなぞBOOK』は教室での聞く活動に，**目的と場面と必然性**を生み出し，１時間の授業の中に，**意識をして英語を聞く**活動を組み入れることができます。

　本書はまた，先生方を支援します。本書には，易しいものから難しいものまで，**１つのなぞなぞに対してヒントが８つある**ので，**読み上げるだけ**で活動ができます。英語の発音に自信がない場合には，**発音をQRコードで呼び出す**こともできます。

　本書を**帯活動や授業のウォームアップ**等で，日常的にご利用いただけることを願っています。

西垣知佳子　渋谷玉輝　クルソン・デビッド

本書の使い方

1 本書の構成

本書の「えいごなぞなぞ」は、児童に身近な名詞を問う123問から成ります。123問はくだもの、飲み物、スポーツ、国名など16のカテゴリーに分かれています。

2 「えいごなぞなぞ」の利用方法

- 「えいごなぞなぞ」123問は、どれも8つのヒント英文でできています。
- 先生がヒント英文を1つずつ読み上げ、児童はそれを聞いて答えを考えます。
- ヒント英文の数は、児童の様子を見て3つから5つの間で調整するとよいでしょう。
- 先生がヒント英文の組み合わせを変えて出題すれば、同じなぞなぞをくり返し楽しむことができます。
- ヒント英文を選ぶ際には、各英文に付いている日本語訳を利用できます。

3 「えいごなぞなぞ」の8つのヒント英文

- **最初のヒント英文** 答えが「くだもの」であれば、必ず It's a fruit.（それはくだものです）、「国名」であれば、It's a country.（それは国です）のように始

まります。答えのカテゴリーを示す英文です。

- **2～7のヒント英文**　答えの外見やようす（色，形，大きさなど），私たちがそれをいつ，どこで，どのように使うか，などを伝える英文です。
- **8のヒント英文**　8つの英文の中で答えを連想しやすい，一番決め手となるヒント英文です。

4 ヒント英文の読み方

　「えいごなぞなぞ」を児童がおもしろいと感じるかどうかは，ヒント英文の読み方で決まります。児童に読んであげる前にQRコードの音声を呼び出し，ネイティブスピーカーのヒント英文の読み方を聞いてみることをおすすめします。

　児童のヒント英文への理解を高めるためには，先生が英文の中で大切な部分をゆっくり言ったり，大きな声で言ったりして強調することが大切です。日本語訳を参照しながら，ポイントと思われる語を強調してみましょう。

5 「えいごなぞなぞ」の始め方

　先生は最初に I'll give you three hints.（ヒントを3つ言います）のように言って，児童に与えるヒント英文の数を明らかにします。そして，「先生が最後のヒントを言い終えるまで，答えを言わないように」と，あらかじめ注意しておきます。

6 答え合わせ

最後のヒントを言い終えたら，答え合わせをします。答え合わせには

① 答えをジェスチャーで表す
② 答えを絵カード※から選ぶ
③ 答えを日本語で言う，書く
④ 答えを声に出して英語で言う

といった方法があります。

答え合わせをして活動が終わると，聞きっぱなしになってしまいます。答え合わせ後にヒント英文をもう一度聞かせる機会もつくりましょう。正解がわかっているので，最初に聞いたときよりもヒント英文への理解力が高まります。

※指導用教材『単語絵カード』，生徒用教材『単語絵カード★ミニ』が本書の内容に連動しています。

ヒント英文で使われている英語

◆ **It's ~.** それは~です。

ヒント英文で一番よく使われている文です。It's は It is の短縮形で、話しことばでよく使われます。It (それ [は]) は、答えとなる名詞を言い換えたもので、[it = ~] の関係です。

◆ **It has ~.** それは~を持っています。/~があります。

主語が I と You 以外で単数の場合、「... has ~」(…は~を持っています) のように使います。「物を手に持っていること、所有していること」を表しますが、発展的に「(性質や特徴) がある」ことも表します。

例) It has many seeds. それにはたくさんの種があります。

◆ **It looks like ~.** それは~のように見えます。/~に似ています。

[... look like ~] は「…は~のように見えます」という意味です。この場合の like は「~のように」と言う意味で、「~を好きです」という意味ではありません。[look like +人/物] の形で使います。

例) It looks like an umbrella. それは傘のように見えます。

◆ We ～.　私たちは～します。

　We（私たち［は］）が表す対象は英文によって異なります。本書では，① 話し手（先生）と聞き手（児童）の両方を表す場合，② 話し手や聞き手を含む組織や地域の人々全体を表す場合，③ 日本の人々を表す場合，④ 世間一般の人々を表す場合があります。

　特に ④ の場合，日本語ではわざわざ「私たちは」と訳さないほうが自然ですが，本書では，①～④ とも「私たちは」という訳を入れています。

　例）　① の We　　運動会：We practice very hard for it.　➡ P.96
　　　　② の We　　コンビニエンスストア：We can find it in town.　➡ P.76
　　　　③ の We　　春：We can enjoy tulips.　➡ P.91
　　　　④ の We　　ラグビー：We can kick the ball.　➡ P.68

◆ They're ～.　それらは～です。

　They're は They are の短縮形で，会話でよく使われます。They（それら［は］）は，It の複数形です。答えとなる名詞が，grapes（ブドウ ➡ P.15），chips（ポテトチップ ➡ P.40），French fries（フライドポテト ➡ P.51）のように s を付けた複数形の場合は，ヒント英文を They で始めます。

◆ usually, often, sometimes

ヒント英文に出てくる usually（ふつうは，いつもは），often（よく，たいてい），sometimes（ときどき，ときには～なこともあります）は，あることがどのくらいの頻度で起こるかを表します。

usually, often, sometimes が文中で置かれる位置は，基本的には，can，am，is，are の後，動詞（enjoy, eat, play 等）の前です。

例）スープ：It's usually hot.　それはたいてい，熱いです。　➡ P.39

バン：We often eat it for breakfast.　私たちはよく朝食にそれを食べます。　➡ P.49

動物園：We can sometimes give food to animals.
　　　　私たちはときどき，動物に食べ物をやることができます。　➡ P.90

◆ ~ is famous for it.　～はそれで有名です。

it（それ［で］）は，答えである名詞を表します。

Hokkaido is famous for it.（北海道はそれで有名です。➡ P.27）であれば，it は北海道で生産されるものであることがわかります。

1. apple リンゴ

1. It's a fruit. — それはくだものです。
2. It's red or green. — それは赤色か，緑色です。
3. It's white inside. — それは中身が白いです。
4. It's hard and sweet. — それはかたくて甘いです。
5. We can make juice from it. — 私たちはそれからジュースを作ることができます。
6. We often peel them. — 私たちはよくそれらの皮をむきます。
7. Snow White ate one. — 白雪姫はそれを1つ食べました。
8. Aomori and Nagano are famous for them. — 青森と長野はそれらで有名です。

banana バナナ

1. It's a fruit. — それはくだものです。
2. It's yellow outside. — それは外側が黄色です。
3. It's soft. — それはやわらかいです。
4. It's sweet. — それは甘いです。
5. It has no seeds. — それには種がありません。
6. It grew on a big tree. — それは大きな木で育ちました。
7. We don't need a knife. — ナイフは必要ありません。
8. The Philippines and Taiwan are famous for them. — フィリピンや台湾はそれらで有名です。

cherry サクランボ

1. It's a fruit. — それはくだものです。
2. It's red. — それは赤色です。
3. It's soft and sweet. — それはやわらかくて甘いです。
4. It's small and round. — それは小さくて丸いです。
5. It grew on a tree. — それは木で育ちました。
6. It has a big seed. — それには大きい種が1つあります。
7. They are expensive. — それらは高価です。
8. Yamagata is famous for them. — 山形はそれらで有名です。

grapes ブドウ

1. They're a fruit. — それらはくだものです。
2. They're round. — それらは丸いです。
3. They're sweet. — それらは甘いです。
4. They're juicy. — それらは水分が多いです。
5. They're green, red, or purple. — それらは緑色か赤色か紫色です。
6. We can make juice from them. — 私たちはそれらからジュースを作ることができます。
7. We can make raisins from them. — 私たちはそれらからレーズンを作ることができます。
8. We sometimes eat them with their skins. — 私たちはそれらを皮ごと食べることがあります。

kiwi fruit キウイフルーツ

1. It's a fruit. — それはくだものです。
2. It's oval. — それはだ円形です。
3. It's small and brown. — それは小さくて茶色です。
4. It has a hairy skin. — それには毛むくじゃらの皮がついています。
5. It's sometimes green inside. — 中身は緑色をしていることがあります。
6. It's sometimes yellow inside. — 中身は黄色をしていることがあります。
7. Its name comes from a bird. — その名前は鳥に由来しています。
8. New Zealand is famous for it. — ニュージーランドはそれで有名です。

6.  lemon レモン

1. It's a fruit. — それはくだものです。
2. It's juicy. — それは水分が多いです。
3. It's very sour. — それはとても酸っぱいです。
4. It's yellow. — それは黄色いです。
5. It has a lot of vitamin C. — それにはビタミンCが豊富にあります。
6. Lime is its friend. — ライムはその仲間です。
7. We put its juice on meat and fish. — 私たちはその汁を肉や魚にかけます。
8. We can make lemonade from it. — 私たちはそれからレモネードを作ることができます。

melon メロン

1. It's a fruit.　　　　　　　　　　　それはくだものです。
2. It's round.　　　　　　　　　　　　それは丸いです。
3. It has many seeds.　　　　　　　　それにはたくさん種があります。
4. It's soft inside.　　　　　　　　　　それは中身がやわらかいです。
5. It has a hard skin.　　　　　　　　それにはかたい皮があります。
6. It's sometimes orange inside.　　　中身はオレンジ色をしていることがあります。
7. We sometimes see a mesh pattern outside.　　外側に網目模様のあるものがあります。
8. We can make juice from it.　　　　私たちはそれからジュースを作ることができます。

orange オレンジ

1. It's a fruit. — それはくだものです。
2. It's round. — それは丸いです。
3. It's juicy. — それは水分が多いです。
4. It's the name of a color. — それは色の名前です。
5. It has a tough skin. — それにはじょうぶな皮があります。
6. It has small seeds. — それには小さな種があります。
7. We can use its skin. — 私たちはその皮を使うことができます。
8. We can make juice from it. — 私たちはそれからジュースを作ることができます。

peach モモ

1.	It's a fruit.	それはくだものです。
2.	It's round.	それは丸いです。
3.	It's soft.	それはやわらかいです。
4.	It's juicy.	それは水分が多いです。
5.	It's sweet.	それは甘いです。
6.	Its skin is pink or yellow.	その皮はピンク色か黄色です。
7.	It has a big seed.	それには大きな種が1つあります。
8.	We can make juice from it.	私たちはそれからジュースを作ることができます。

10 pineapple パイナップル

1.	It's a fruit.	それはくだものです。
2.	It's yellow inside.	それは中身が黄色です。
3.	It has a hard skin.	それにはかたい皮があります。
4.	It's sweet.	それは甘いです。
5.	It's juicy.	それは水分が多いです。
6.	We can make juice from it.	私たちはそれからジュースを作ることができます。
7.	We can buy its slices in a can.	私たちはその輪切りが入った缶詰を買うことができます。
8.	Hawaii is famous for them.	ハワイはそれらで有名です。

strawberry イチゴ

1. It's a fruit. — それはくだものです。
2. It's small. — それは小さいです。
3. It's red. — それは赤色です。
4. It's sweet. — それは甘いです。
5. It grew on the ground. — それは地面の上で育ちました。
6. It's often on top of cakes. — それはよくケーキの上にあります。
7. We sometimes find it in *daifuku*. — 私たちは大福の中にそれを見つけることがあります。
8. We can make jam from them. — 私たちはそれらからジャムを作ることができます。

12 watermelon スイカ

くだもの

1. It's a fruit. — それはくだものです。
2. It's round. — それは丸いです。
3. It's heavy. — それは重いです。
4. It's juicy. — それは水分が多いです。
5. Its skin has green and black stripes. — その皮は緑と黒のしま模様です。
6. It has a lot of small black seeds. — それにはたくさんの小さな黒い種があります。
7. We often eat it in summer. — 私たちはよく，それを夏に食べます。
8. We sometimes smash it on the beach. — 私たちはときどき，それを浜辺で割ります。

broccoli ブロッコリー

1. It's a vegetable. — それは野菜です。
2. It's green. — それは緑色です。
3. It's in a salad. — それはサラダに入っています。
4. It's often next to meat on a plate. — それはお皿の上で，よく肉のとなりにあります。
5. It's in the cabbage family. — それはキャベツの仲間です。
6. We boil and eat it. — 私たちはそれをゆでて食べます。
7. We sometimes put mayonnaise on it. — 私たちはそれにマヨネーズをつけることがあります。
8. It looks like cauliflower. — それはカリフラワーに似ています。

cabbage キャベツ

野菜・食材

1. It's a vegetable. —— それは野菜です。
2. It's round. —— それは丸いです。
3. It's heavy. —— それは重いです。
4. It's green. —— それは緑色です。
5. It looks like a ball. —— それはボールのように見えます。
6. It has many leaves. —— それにはたくさんの葉があります。
7. It grew on the ground. —— それは地面の上で育ちました。
8. Caterpillars like it. —— 青虫はそれが好きです。

carrot ニンジン

1. It's a vegetable. — それは野菜です。
2. It's a winter vegetable. — それは冬の野菜です。
3. It's orange. — それはオレンジ色です。
4. It's long. — それは長いです。
5. It's a root vegetable. — それは根菜類です。
6. It has carotene. — それにはカロテンがあります。
7. We put it in curry. — 私たちはカレーにそれを入れます。
8. Rabbits like them. — ウサギはそれらが好きです。

16 corn トウモロコシ

1. It's a grain. — それは穀物です。
2. It's yellow or white. — それは黄色か白です。
3. It's sweet. — それは甘いです。
4. We sometimes boil it. — 私たちはときどき,それをゆでます。
5. We sometimes grill it. — 私たちはときどき,それを焼きます。
6. We make soup from it. — 私たちはそれからスープを作ります。
7. Animals eat it too. — 動物もそれを食べます。
8. Hokkaido is famous for it. — 北海道はそれで有名です。

野菜・食材

cucumber キュウリ

1.	It's a vegetable.	それは野菜です。
2.	It's long.	それは長いです。
3.	It's green outside.	それは外側が緑色です。
4.	It's white inside.	それは内側が白いです。
5.	It's in a salad.	それはサラダに入っています。
6.	It's a summer vegetable.	それは夏野菜です。
7.	We can make pickles from them.	私たちはそれらからピクルスを作ることができます。
8.	We can find it in *kappamaki*.	私たちはカッパ巻きの中にそれを見つけることができます。

18. egg たまご

1. It's a food.	それは食べ物です。
2. It's oval.	それはだ円形です。
3. It has a yellow part inside.	中には黄色い部分があります。
4. It came from a chicken.	それはメスのニワトリが産みます。
5. We keep it in the refrigerator.	私たちはそれを冷蔵庫に保存します。
6. We break and cook it.	私たちはそれを割って料理します。
7. We often eat them for breakfast.	私たちはよく朝食にそれらを食べます。
8. We can make an omelet from it.	私たちはそれからオムレツを作ることができます。

green pepper ピーマン

1. It's a vegetable. — それは野菜です。
2. It's green. — それは緑色です。
3. It's soft. — それはやわらかいです。
4. It looks like a bell. — それはベル（つり鐘）のように見えます。
5. Its flowers are white. — その花は白いです。
6. It has a lot of vitamin C. — それにはたくさんのビタミンCがあります。
7. It has many white seeds. — それには白い種がたくさんあります。
8. We sometimes see it in fried rice. — 私たちはチャーハンの中にそれを見かけることがあります。

lettuce レタス

1. It's a vegetable.   それは野菜です。
2. It's green.   それは緑色です。
3. It grew in a field.   それは畑で育ちました。
4. It's in a salad.   それはサラダに入っています。
5. It has many leaves.   それにはたくさんの葉があります。
6. We eat its leaves.   私たちはそれの葉を食べます。
7. We eat it raw.   私たちはそれを生で食べます。
8. It looks like a cabbage.   それはキャベツのように見えます。

mushroom キノコ

1. It's a food. — それは食べ物です。
2. It's brown or white. — それは茶色か，白です。
3. It has a round top. — それには丸い頭部があります。
4. It grew in the forest. — それは森で育ちました。
5. It likes wet places. — それは湿った場所が好きです。
6. It looks like an umbrella. — それは傘のように見えます。
7. Some are dangerous. — 危険なものもあります。
8. Some are expensive. — 高価なものもあります。

22. onion タマネギ

1.	It's a vegetable.	それは野菜です。
2.	It's round.	それは丸いです。
3.	It's brown or purple outside.	それは外側が茶色か紫色です。
4.	It's white inside.	それは中身が白いです。
5.	It grew in the ground.	それは地中で育ちました。
6.	We make soup from it.	私たちはそれからスープを作ります。
7.	It has many layers.	それにはたくさんの層があります。
8.	We often put it in curry.	私たちはよくカレーにそれを入れます。

potato ジャガイモ

1. It's a vegetable. — それは野菜です。
2. It's round or oval. — それは丸いか, だ円形です。
3. It grew in the ground. — それは地中で育ちました。
4. It has a skin. — それには皮があります。
5. We often put it in curry. — 私たちはよくカレーにそれを入れます。
6. Hokkaido is famous for them. — 北海道はそれらで有名です。
7. We sometimes mash it and make a salad. — それをつぶしてサラダを作ることがあります。
8. We can make French fries from it. — 私たちはそれからフライドポテトを作ることができます。

24 tomato トマト

野菜・食材

1.	It's a vegetable.	それは野菜です。
2.	It's round.	それは丸いです
3.	It's usually red.	それはたいてい赤いです。
4.	It's sometimes yellow.	それはときどき，黄色いです。
5.	It's juicy.	それは水分が多いです。
6.	It's in a salad.	それはサラダに入っています。
7.	We can make juice from them.	私たちはそれらからジュースを作ることができます。
8.	We can make ketchup from them.	私たちはそれらからケチャップを作ることができます。

Japanese tea 緑茶

1. It's a drink. — それは飲み物です。
2. It's green or yellow. — それは緑色か黄色です。
3. It's sometimes in a PET bottle. — それはときどきペットボトルに入っています。
4. It has vitamin C. — それにはビタミンCがあります。
5. We drink it with a snack. — 私たちはそれをおやつといっしょに飲みます。
6. We drink it hot and cold. — 私たちはそれを温かくしたり, 冷たくしたりして飲みます。
7. We make it with leaves. — 私たちは葉を使ってそれを作ります。
8. Shizuoka is famous for it. — 静岡はそれで有名です。

26 milk 牛乳

1. It's a drink. — それは飲み物です。
2. It's white. — それは白いです。
3. We make butter from it. — 私たちはそれからバターを作ります。
4. We make cheese from it. — 私たちはそれからチーズを作ります。
5. We drink it with school lunch. — 私たちはそれを給食で飲みます。
6. We can get it from cows. — 私たちはそれを牛から得ることができます。
7. It has calcium. — それにはカルシウムがあります。
8. Hokkaido is famous for it. — 北海道はそれで有名です。

miso soup みそ汁

1. It's a kind of soup.　　　　　　　　それはスープの一種です。
2. It's brown.　　　　　　　　　　　　それは茶色です。
3. It's salty.　　　　　　　　　　　　それはしょっぱいです。
4. It's hot.　　　　　　　　　　　　　それは熱いです。
5. It's good for health.　　　　　　　それは体によいです。
6. It's a friend of rice.　　　　　　　それはご飯と仲よしです。
7. We eat it with chopsticks.　　　　私たちはそれをはしで食べます。
8. *Tofu* and seaweed are sometimes in it.　　豆腐やワカメがその中に入っていることがあります。

soup スープ

飲み物

1. It's a food. — それは食べ物です。
2. It's usually hot. — それはたいてい，熱いです。
3. It's sometimes cold. — それは冷たいこともあります。
4. We eat it with a spoon. — 私たちはスプーンでそれを食べます。
5. We cook it in a pot. — 私たちはなべでそれを作ります。
6. We can buy it in a can. — 私たちは缶詰のものを買うことができます。
7. We often put meat or vegetables in it. — 私たちはよくその中に肉や野菜を入れます。
8. Corn is a popular type. — トウモロコシを使うものが人気です。

chips ポテトチップ

1. They're a food. — それらは食べ物です。
2. They're very thin. — それらはとても薄いです。
3. They're salty. — それらはしょっぱいです。
4. They're dry. — それらは乾いています。
5. They're a popular snack. — それらは人気のあるおやつです。
6. They're in a plastic bag. — それらはビニール袋に入っています。
7. We can buy them at convenience stores. — 私たちはそれらをコンビニエンスストアで買うことができます。
8. They're slices of a potato. — それらはジャガイモのスライスです。

chocolate チョコレート

おかし

1. It's a snack. — それはおやつです。
2. It's brown. — それは茶色です。
3. It's sometimes white. — それは，ときどき白いです。
4. It's sweet. — それは甘いです。
5. People make it from cacao. — 人々はそれをカカオから作ります。
6. We can sometimes find it in cookies and cakes. — 私たちはそれをクッキーやケーキの中に見つけることができます。
7. Belgium is famous for it. — ベルギーはそれで有名です。
8. It's very popular on St. Valentine's Day in Japan. — それは日本のバレンタインデーでとても人気があります。

donut ドーナツ

1.	It's a snack.	それはおやつです。
2.	It's round and sweet.	それは丸くて甘いです。
3.	It's oily.	それは油っこいです。
4.	It has high calories.	それは高カロリーです。
5.	We coat it with sugar.	私たちはそれに砂糖をまぶします。
6.	Sometimes cream is in it.	クリームが中に入っていることもあります。
7.	Egg and butter are in it.	卵とバターが入っています。
8.	The shape is often a ring.	それはたいていリング（輪）の形です。

ice cream アイスクリーム

1. It's a dessert. — それはデザートです。
2. It's cold and soft. — それは冷たくてやわらかいです。
3. It's sweet. — それは甘いです。
4. It's melty. — それは溶けやすいです。
5. It's often in a cone. — それはよくコーンに入っています。
6. It often comes in a paper cup. — それはよく紙のカップの中に入っています。
7. It has many flavors: vanilla, mint and *matcha*. — それにはたくさんの味があります，バニラやミントや抹茶です。
8. We keep it in a freezer. — 私たちはそれを冷凍庫に入れておきます。

jam ジャム

1.	It's a food.	それは食べ物です。
2.	It's sweet.	それは甘いです。
3.	It's soft.	それはやわらかいです。
4.	It comes in a glass jar.	それはガラスのビンに入っています。
5.	We spread it on bread.	私たちはそれをパンに塗ります。
6.	We can make it from fruit.	私たちはくだものからそれを作ることができます。
7.	Sometimes strawberry is in it.	イチゴが入っていることがあります。
8.	Sometimes blueberry is in it.	ブルーベリーが入っていることがあります。

34 parfait パフェ

1. It's a dessert. — それはデザートです。
2. It's cold and sweet. — それは冷たくて甘いです。
3. It's in a tall glass. — それは背の高いグラスに入っています。
4. It has many layers. — それにはたくさんの層があります。
5. It sometimes has jam inside. — 中にジャムが入っていることがあります。
6. It has whipped cream in it. — 生クリームが入っています。
7. It has some flavors: chocolate, strawberry, and banana. — それにはいくつかの味があります，チョコレート，イチゴ，バナナです。
8. Fruit and ice cream are in it. — くだものとアイスクリームが入っています。

popcorn ポップコーン

1. It's a snack. — それはおやつです。
2. It's light. — それは軽いです。
3. It's small. — それは小さいです。
4. We can buy it at supermarkets. — 私たちはそれをスーパーで買うことができます。
5. We can make it from corn. — 私たちはそれをトウモロコシから作ることができます。
6. We can enjoy caramel, salty, or butter flavor. — 私たちはキャラメル味，塩味，バター味を楽しむことができます。
7. We can cook it in a microwave oven. — 私たちはそれを電子レンジで作ることができます。
8. We often eat it at the movie theater. — 私たちはたいてい映画館でそれを食べます。

pudding プリン

1. It's a dessert. — それはデザートです。
2. It's sweet and soft. — それは甘くてやわらかいです。
3. It has two layers. — それには2つの層があります。
4. We can cook it with a steamer. — 私たちはそれを蒸し器で作ることができます。
5. We keep it in a refrigerator. — 私たちはそれを冷蔵庫に保存します。
6. We sometimes eat it with whipped cream. — 私たちはときどき，それに生クリームを添えて食べます。
7. Some vanilla beans are in it. — バニラビーンズが少し入っています。
8. Egg, sugar, and milk are in it. — 卵と砂糖と牛乳が入っています。

shaved ice　かき氷

1. It's a dessert. —— それはデザートです。
2. It's white. —— それは白いです。
3. It's frozen. —— それは凍っています。
4. It's fluffy. —— それはフワフワしています。
5. It's melty. —— それは溶けやすいです。
6. We pour syrup over it. —— 私たちはそれにシロップをかけます。
7. We can enjoy many flavors. —— 私たちはたくさんの味を楽しむことができます。
8. We eat it in summer. —— 私たちはそれを夏に食べます。

bread パン

1. It's a food. そ␣␣␣␣␣␣それは食べ物です。
2. It's soft. それはやわらかいです。
3. It's sometimes square, and it's sometimes round. 四角いものも，丸いものもあります。
4. It's sometimes long. 長いものもあります。
5. We often eat it for breakfast. 私たちはよく朝食にそれを食べます。
6. We bake it in the oven. 私たちはそれをオーブンで焼きます。
7. Butter and jam are its good friends. バターとジャムはそれと仲よしです。
8. We can buy it at a bakery. 私たちはそれをパン屋で買うことができます。

curry and rice カレーライス

1. It's a food. — それは食べ物です。
2. It's spicy. — それは香辛料が効いています。
3. It's a popular food in Japan. — それは日本で人気のある食べ物です。
4. We eat it with a spoon. — 私たちはそれをスプーンで食べます。
5. We can eat a soup type too. — 私たちはスープ状のものも食べることができます。
6. We sometimes eat it with pickles. — 私たちはそれをピクルスといっしょに食べることがあります。
7. We use onions, carrots, and potatoes in it. — 私たちはその具にタマネギ，ニンジン，ジャガイモを使います。
8. India is famous for it. — インドはそれで有名です。

French fries　フライドポテト

1. They're a food. — それらは食べ物です。
2. They're long. — それらは長いです。
3. They're hot. — それらは熱いです。
4. They're soft and crispy. — それらはやわらかくて，サクッとしています。
5. We sometimes eat them with ketchup. — 私たちはそれらにケチャップをつけて食べることがあります。
6. We can eat them at a fast-food restaurant. — 私たちはそれらをファストフード店で食べることができます。
7. We can make them from potatoes. — 私たちはそれらをジャガイモから作ることができます。
8. They're a friend of hamburgers. — それらはハンバーガーと仲よしです。

fried chicken　フライドチキン

1. It's a food. — それは食べ物です。
2. It's hot. — それは熱いです。
3. It's fried. — それは揚げられています。
4. It's crispy. — それはサクっとしています。
5. It's popular for a lunchbox. — それはお弁当で人気があります。
6. We sometimes put lemon juice on it. — 私たちはそれにレモン汁をかけることがあります。
7. We cook it from chicken. — 私たちはトリ肉からそれを作ります。
8. Kentucky is famous for this. — ケンタッキーはこれで有名です。

grilled fish 焼き魚

1. It's a food. — それは食べ物です。
2. It's hot. — それは熱いです。
3. It smells good. — それはいいにおいがします。
4. It's on a plate. — それはお皿の上にのっています。
5. We eat it with chopsticks. — 私たちはそれをはしで食べます。
6. We sometimes put soy sauce on it. — 私たちはそれにしょう油をかけることもあります。
7. Cats like it. — ネコはそれが好きです。
8. Salmon is a popular type. — サケは人気のある種類です。

hamburger ハンバーガー

1. It's a food. それは食べ物です。
2. It's round. それは丸いです。
3. It has buns. それには丸いパンがあります。
4. It often has beef in it. その中にはよく牛肉が入っています。
5. We often like it very much. 私たちはたいていそれが大好きです。
6. We often find cheese in it. 私たちはよく，その中にチーズを見つけます。
7. French fries are its good friends. フライドポテトはそれと仲よしです。
8. McDonald's is famous for it. マクドナルドはそれで有名です。

pizza ピザ

1. It's a food. — それは食べ物です。
2. It's round. — それは丸いです。
3. It's flat. — それは平たいです。
4. We cook it in the oven. — 私たちはそれをオーブンで料理します。
5. We eat it with our hands. — 私たちはそれを手で食べます。
6. Tomato sauce is on it. — それにはトマトソースがのっています。
7. Cheese is on it. — それにはチーズがのっています。
8. Italy is famous for it. — イタリアはその食べ物で有名です。

salad サラダ

1. It's a food. — それは食べ物です。
2. It's fresh. — それは新鮮です。
3. It's often in a bowl. — それはよく，ボウルに盛りつけられています。
4. It's healthy. — それは健康によいです。
5. It has vegetables in it. — それには野菜があります。
6. It often has lettuce in it. — それにはよく，レタスが入っています。
7. It often has tomatoes in it. — それにはよく，トマトが入っています。
8. We often put dressing on it. — 私たちはよく，それにドレッシングをかけます。

spaghetti スパゲッティ

1. It's a food. — それは食べ物です。
2. It's long. — それは長いです。
3. It's thin. — それは細いです。
4. It's usually hot. — それはたいてい熱いです。
5. We boil it. — 私たちはそれをゆでます。
6. We eat it with a fork. — 私たちはそれをフォークで食べます。
7. Meat sauce is popular. — ミートソースが人気です。
8. Italy is famous for it. — イタリアはその食べ物で有名です。

steak ステーキ

1. It's a food. — それは食べ物です。
2. It's delicious. — それはとてもおいしいです。
3. It's on a plate. — それはお皿の上にのっています。
4. It's hot. — それは熱いです。
5. It's grilled. — それは焼かれています。
6. It's thick meat. — それは厚さのある肉です。
7. We use a knife and fork for it. — 私たちはそれのためにナイフとフォークを使います。
8. Beef is a popular type. — 牛肉を使うものが人気です。

yogurt ヨーグルト

1. It's a food. — それは食べ物です。
2. It's white. — それは白いです。
3. It's cold. — それは冷たいです。
4. It's sour. — それは酸っぱいです。
5. It's healthy. — それは健康によいです。
6. We often eat it for breakfast. — 私たちはよく朝食にそれを食べます。
7. We can make it from milk. — 私たちは牛乳からそれを作ることができます。
8. Bulgaria is famous for it. — ブルガリアはそれで有名です。

drum たいこ

1. It's a musical instrument. — それは楽器です。
2. It's round. — それは丸いです。
3. It makes a loud sound. — それは大きな音を出します。
4. We often hit it with two sticks. — 私たちはよく，それを2本のバチで叩きます。
5. It's often portable. — それはたいてい持ち運べます。
6. We have many types around the world. — 世界中にたくさんの種類があります。
7. Some of them are from Japan. — いくつかは日本由来です。
8. We use them in *bon* dance. — 私たちは盆踊りでそれらを使います。

piano ピアノ

1. It's a musical instrument. — それは楽器です。
2. It's very heavy. — それはとても重いです。
3. It's usually black. — それはたいてい黒いです。
4. We can see it in the music room. — 私たちはそれを音楽室で見ることができます。
5. It has a keyboard. — それには鍵盤があります。
6. It has black and white keys. — それには黒と白の鍵盤があります。
7. Grand is one type. — グランドはその種類の1つです。
8. We play it with our fingers. — 私たちはそれを指で弾きます。

recorder リコーダー

1. It's a musical instrument. — それは楽器です。
2. It's light. — それは軽いです。
3. It's long. — それは長いです。
4. It's portable. — それは持ち運べます。
5. It has some holes. — それにはいくつかの穴があります。
6. We blow it. — 私たちはそれを吹きます。
7. We use it in the music class at school. — 私たちはそれを学校の音楽の授業で使います。
8. We often use plastic type. — 私たちはたいていプラスチック製を使います。

violin バイオリン

1.	It's a musical instrument.	それは楽器です。
2.	It's portable.	それは持ち運べます。
3.	It's usually brown.	それはたいてい茶色です。
4.	It's made of wood.	それは木製です。
5.	It has a body part and a neck part.	それには本体部分と首の部分があります。
6.	It has strings.	それには弦があります。
7.	We can see it in an orchestra.	私たちはそれをオーケストラで見ることができます。
8.	Viola is its friend.	ヴィオラはその仲間です。

baseball 野球

1. It's a sport. — それはスポーツです。
2. It's a ball game. — それは球技です。
3. It's very popular in the U.S.A. — それはアメリカで人気があります。
4. We wear a cap. — 私たちは縁なしの帽子をかぶります。
5. We use a glove. — 私たちはグローブを使います。
6. We hit a ball and run to the base. — 私たちはボールを打ったら塁に走ります。
7. Japan has twelve professional teams. — 日本には12のプロチームがあります。
8. Nine people play it in a team. — 1チーム9人でプレイします。

basketball バスケットボール

1. It's a sport. — それはスポーツです。
2. It's a ball game. — それは球技です。
3. We play the game in a gym. — 私たちは体育館で試合をします。
4. We can't kick the ball. — 私たちはボールをけることはできません。
5. We pass the ball. — 私たちはボールをパスします。
6. We can dribble the ball. — 私たちはボールをドリブルできます。
7. Five people play it in a team. — １チーム５人でプレイします。
8. We put the ball in a basket. — 私たちはバスケットにボールを入れます。

55 *judo* 柔道

1. It's a sport. — それはスポーツです。
2. We do it one-on-one. — 私たちは１対１でそれをします。
3. It comes from Japan. — それは日本で生まれたものです。
4. It's popular around the world. — それは世界中で人気があります。
5. We fight on a *tatami* mat. — 私たちはたたみの上で戦います。
6. We can't use a punch technique. — 私たちはなぐる技を使うことができません。
7. The color of the uniforms is white or blue. — ユニフォームの色は白か青です。
8. Very strong people wear a black belt. — とても強い人たちは黒帯をします。

kendo 剣道

1. It's a sport. — それはスポーツです。
2. We do it one-on-one. — 私たちは1対1でそれをします。
3. It comes from Japan. — それは日本で生まれたものです。
4. We use gloves. — 私たちはコテを使います。
5. We don't wear socks. — 私たちは靴下を着用しません。
6. We fight on the floor. — 私たちは床の上で戦います。
7. We need a bamboo sword. — 私たちには竹刀が必要です。
8. We need a face mask. — 私たちには面が必要です。

rugby ラグビー

1. It's a sport. — それはスポーツです。
2. It's a ball game. — それは球技です。
3. It comes from the U.K. — それはイギリスで生まれたものです。
4. Two goal posts are on the field. — 2つのゴールポストがグラウンドにあります。
5. We can kick the ball. — 私たちはボールをけることができます。
6. We can't pass a ball forward. — 私たちはボールを前にパスすることができません。
7. We use an oval ball. — 私たちはだ円のボールを使います。
8. Fifteen people are in a team. — 1チームは15人です。

soccer サッカー

1. It's a sport. — それはスポーツです。
2. It's a ball game. — それは球技です。
3. We play it on a field. — 私たちはグラウンドでそれをします。
4. We kick and pass the ball. — 私たちはボールをけってパスすることができます。
5. We can use our head. — 私たちは頭を使うことができます。
6. We can't use our hands. — 私たちは手を使うことができません。
7. The referee has yellow and red cards. — 審判は黄色と赤色のカードを持っています。
8. Eleven people are in a team. — 1チームは11人です。

59 table tennis 卓球

1. It's a sport. — それはスポーツです。
2. It's a ball game. — それは球技です。
3. We play it in a gym. — 私たちは体育館でそれをします。
4. Two people play a singles match. — 2人の人がシングルスの試合をします。
5. Four people play a doubles match. — 4人の人がダブルスの試合をします。
6. A net is in the center of the table. — ネットがテーブルの真ん中にあります。
7. We use a small racket and a small ball. — 私たちは小さいラケットと小さいボールを使います。
8. We play it on a table. — 私たちはそれをテーブルの上で行います。

volleyball バレーボール

スポーツ

1. It's a sport. — それはスポーツです。
2. It's a ball game. — それは球技です。
3. We usually play it in a gym. — 私たちはたいてい体育館でそれをします。
4. We sometimes play it on the beach. — 私たちは浜辺でそれをすることもあります。
5. A net is in the center of the court. — ネットがコートの真ん中にあります。
6. We jump high. — 私たちは高くとびます。
7. We hit an attack shot. — 私たちはアタックをします。
8. Six people are in a team. — 1チームは6人です。

61 wheelchair tennis 車いすテニス

1. It's a sport. — それはスポーツです。
2. It's a ball game. — それは球技です。
3. We often play it outside. — 私たちはよく外でそれをします。
4. We need a racket. — 私たちにはラケットが必要です。
5. We play on a court. — 私たちはコートでプレイします。
6. A net is in the center of the court. — ネットがコートの真ん中にあります。
7. It's one of the Paralympic sports. — それはパラリンピックスポーツの1つです。
8. Japan has some good players. — 日本には良い選手がいます。

62 camping キャンプ

1.	We like this activity.	私たちはこの活動が好きです。
2.	We can enjoy it outdoors.	私たちは屋外でそれを楽しむことができます。
3.	We can do it near a river.	私たちは川の近くでそれをすることができます。
4.	We can do it in the mountains.	私たちは山の中でそれをすることができます。
5.	We can sleep in a tent.	私たちはテントの中で寝ることができます。
6.	We can enjoy a curry dinner.	私たちはカレーの夕食を楽しむことができます。
7.	We can enjoy a barbeque (BBQ).	私たちはバーベキューを楽しむことができます。
8.	We can enjoy a camp fire at night.	私たちは夜にキャンプファイヤーを楽しむことができます。

unicycle 一輪車

1. We can ride it. 　　私たちはそれに乗ることができます。
2. Street performers sometimes ride it. 　　大道芸人はときどき，それに乗ります。
3. It's sometimes dangerous. 　　それはときどき，危険です。
4. It has two pedals. 　　それにはペダルが2個あります。
5. It doesn't have a handlebar. 　　それにはハンドルがありません。
6. It has a seat. 　　それには座る部分があります。
7. It's not a bicycle. 　　それは自転車ではありません。
8. It has only one tire. 　　それにはタイヤが1つだけあります。

bookstore 本屋

お店

1. It's a store. — それはお店です。
2. It's quiet there. — そこは静かです。
3. Children and adults go there. — 子どもも大人もそこへ行きます。
4. We sometimes stay for a long time. — 私たちはそこに長くいることがあります。
5. We sometimes sit and read books. — 私たちは座って本を読むことがあります。
6. We can find comic books there. — 私たちはそこでマンガ本を見つけることができます。
7. Amazon also has it. — アマゾンにもそれがあります。
8. We can buy books there. — 私たちはそこで本を買うことができます。

convenience store コンビニエンスストア

1. It's a store. — それはお店です。
2. It's often small. — それはたいてい小さいです。
3. It isn't a supermarket. — それはスーパーマーケットではありません。
4. We can find it in town. — 私たちは町でそれを見つけることができます。
5. We can buy lunch, desserts, and soft drinks. — 私たちは昼食，デザート，飲み物を買うことができます。
6. We can buy stamps and tickets. — 私たちは切手やチケットを買うことができます。
7. It's often open 24 hours. — それはたいてい24時間開いています。
8. It's convenient. — それは便利です。

gas station ガソリンスタンド

お店

1. It's a place. — それは場所です。

2. We can see pumps there. — 私たちはそこでポンプを見ることができます。

3. We can buy oil there. — 私たちはそこで油（石油）を買うことができます。

4. We can wash our cars there. — 私たちはそこで車を洗うことができます。

5. We can see trucks there. — 私たちはそこでトラックを見ることができます。

6. We drive there by car. — 私たちは車を運転してそこに行きます。

7. We can put air in the tires. — 私たちはタイヤに空気を入れることができます。

8. We can buy gasoline there. — 私たちはそこでガソリンを買うことができます。

restaurant レストラン

1. It's a place. — それは場所です。
2. We sit at a table. — 私たちはテーブルに座ります。
3. It serves food and drinks. — それは食べ物と飲み物を出します。
4. We can find a menu there. — 私たちはそこでメニューを見つけることができます。
5. We order meals there. — 私たちはそこで料理を注文します。
6. We can eat a steak there. — 私たちはそこでステーキを食べることができます。
7. We can eat desserts there. — 私たちはそこでデザートを食べることができます。
8. We eat a meal and pay for it. — 私たちは料理を食べて,支払いをします。

amusement park 遊園地

1.	It's a place.	それは場所です。
2.	It's large.	それは広いです。
3.	We need a ticket.	私たちは入場券が必要です。
4.	We can enjoy the scenery from the big wheel.	私たちは観覧車から景色を楽しむことができます。
5.	We can ride the roller coaster.	私たちはジェットコースターに乗ることができます。
6.	We often see popular animation characters.	私たちはよく人気のあるアニメキャラクターに会うことができます。
7.	We can see many shows.	私たちはたくさんのショーを見ることができます。
8.	We can eat in nice restaurants there.	私たちはそこにあるすてきなレストランで食事ができます。

建　物

79

aquarium 水族館

1. It's a building. — それは建物です。

2. It has a lot of water. — たくさんの水があります。

3. It has a lot of fish in tanks. — 水そうの中にたくさんの魚がいます。

4. We need a ticket. — 私たちは入場券が必要です。

5. We can see sharks. — 私たちはサメを見ることができます。

6. We can see a dolphin show. — 私たちはイルカのショーを見ることができます。

7. We can know about sea animals' lives. — 私たちは海洋生物の生活を知ることができます。

8. Churaumi in Okinawa is famous. — 沖縄の美ら海が有名です。

70 fire station 消防署

建物

1.	It's a building.	それは建物です。
2.	It's in town.	それは町の中にあります。
3.	It's open 24 hours a day.	それは24時間開いています。
4.	It has big red trucks.	それは大きな赤いトラックを保有しています。
5.	It has an ambulance too.	それは救急車も保有しています。
6.	We can join lifesaving training.	私たちは人命救助訓練に参加できます。
7.	Brave people work there.	勇敢な人たちが、そこで働いています。
8.	Its telephone number is 119.	その電話番号は119番です。

71 hospital 病院

1.	It's a building.	それは建物です。
2.	It has a lot of beds inside.	そこの中にはたくさんのベッドがあります。
3.	We can have a medical checkup.	私たちは健康診断を受けることができます。
4.	We can see nurses.	私たちは看護師に会うことができます。
5.	We can see doctors.	私たちは医者に診てもらうことができます。
6.	Sick people sleep in a bed there.	そこでは病気の人たちがベッドで寝ています。
7.	Ambulances take people there.	救急車が人々をそこに連れて行きます。
8.	Its map symbol is a red cross.	その地図記号は赤い十字形です。

建　物

72 library 図書館

1. It's a building. — それは建物です。
2. It has many books. — そこにはたくさんの本があります。
3. It often has events. — そこではよく行事があります。
4. We can study there. — 私たちはそこで勉強をすることができます。
5. We can't speak loudly there. — 私たちはそこでは大きな声で話すことができません。
6. We can watch DVDs. — 私たちはDVDを観ることができます。
7. We can borrow books for free. — 私たちは無料で本を借りることができます。
8. It's often closed on Mondays. — それはたいてい月曜日には閉まっています。

park 公園

1. It's a place. — それは場所です。
2. It's large. — それは広いです。
3. It's often in a town. — それはよく町の中にあります。
4. It sometimes has swings. — ときどきブランコがあります。
5. We like it very much. — 私たちはそれが大好きです。
6. We can see trees there. — 私たちはそこで木々を見ることができます。
7. We can enjoy jogging there. — 私たちはそこでジョギングを楽しむことができます。
8. We can sit and relax on grass. — 私たちは芝生に座って，リラックスすることができます。

74. police station 警察署

1. It's a building. — それは建物です。
2. It's in town. — それは町の中にあります。
3. It's open 24 hours a day. — それは24時間開いています。
4. It has a red light on the entrance. — 入口に赤いランプがあります。
5. It has patrol cars. — それはパトロールカーを保有しています。
6. We report bad people there. — 私たちは悪い人たちをそこに通報します。
7. We can ask, "Where is the station?" — 私たちは「駅はどこですか？」とたずねることができます。
8. Its telephone number is 110. — その電話番号は110番です。

post office 郵便局

1. It's a building. — それは建物です。
2. It's in town. — それは町の中にあります。
3. It sells postcards and stamps. — それはハガキと切手を売っています。
4. We can send letters and parcels from there. — 私たちはそこから手紙や小包を送ります。
5. It has a red mailbox. — そこには赤い郵便ポストがあります。
6. We can save money there. — 私たちはそこで貯金をすることができます。
7. We can take out money too. — 私たちはお金を引き出すこともできます。
8. We can buy New Year's cards. — 私たちは年賀ハガキを買うことができます。

school 学校

建　物

1. It's a place. — それは場所です。
2. It has a large field or a play area. — 大きな運動場または遊び場があります。
3. It has a gym. — 体育館があります。
4. It keeps small animals. — 小さな動物を飼っています。
5. We study many things there. — 私たちはそこでたくさんのことを学びます。
6. We can meet many friends. — 私たちはたくさんの友人に会うことができます。
7. We can enjoy club activities. — 私たちはクラブ活動を楽しむことができます。
8. We can see teachers. — 私たちは先生に会うことができます。

shrine 神社

1.	It's a quiet place.	それは静かな場所です。
2.	It sometimes has a red gate.	そこにはときどき赤い門があります。
3.	We sometimes wash our hands at the entrance.	私たちは入口で手を洗うことがあります。
4.	We sometimes rinse our mouth at the entrance.	私たちは入口で口をすすぐことがあります。
5.	We bow and clap our hands.	私たちはおじぎをして手を叩きます。
6.	We can see a big bell at the top of a rope.	私たちは縄の先端に大きな鈴を見ることができます。
7.	We can make a wish there.	私たちはそこでお願いができます。
8.	We go there on New Year's Day.	私たちは元日にそこに行きます。

78 station 駅

建 物

1.	It's a place.	それは場所です。
2.	It often has stairs.	そこにはたいてい階段があります。
3.	It often has restrooms.	そこにはたいていトイレがあります。
4.	Many people come and go all day.	たくさんの人々が一日中行き交います。
5.	We buy tickets.	私たちは切符を買います。
6.	It has platforms.	そこにはプラットホームがあります。
7.	Many trains stop there.	たくさんの電車がそこに停まります。
8.	We can get on a train.	私たちは電車に乗ることができます。

89

79 ZOO 動物園

1. It's large. — それは広いです。
2. It's a popular place. — それは人気のある場所です。
3. We sometimes go there with our family and friends. — ときどき，家族や友人とそこへ行きます。
4. Many animals live there. — たくさんの動物がそこに住んでいます。
5. We can see elephants there. — 私たちはそこでゾウを見ることができます。
6. We can touch small animals. — 私たちは小さい動物に触ることができます。
7. We can sometimes give food to animals. — 私たちはときどき，動物に食べ物をやることができます。
8. Ueno and Tennoji are famous for it. — 上野と天王寺はそれで有名です。

季節

 春

1. It's warm. 暖かいです。
2. Snow melts. 雪が溶けます。
3. Leaves and flowers come out. 葉っぱや花が出て来ます。
4. We can enjoy tulips. 私たちはチューリップの花を楽しむことができます。
5. Cherry blossoms come out. 桜が咲きます。
6. A new school year starts. 新しい学年が始まります。
7. We have an entrance ceremony. 入学式があります。
8. It comes after winter. それは冬の後に来ます。

summer 夏

1. It's hot. — 暑いです。
2. We can swim in the sea. — 私たちは海で泳ぐことができます。
3. We sweat a lot. — 私たちはたくさん汗をかきます。
4. We use an air conditioner. — 私たちはエアコンを使います。
5. We sometimes have heavy showers. — ときどき夕立があります。
6. We can enjoy fireworks. — 私たちは花火を楽しむことができます。
7. We can wear *yukata*. — 私たちは浴衣を着ることができます。
8. It comes after spring. — それは春の後に来ます。

季節

82 fall (autumn) 秋

1. It's cool. 涼しいです。
2. Green leaves turn red. 緑色の葉が赤く変わります。
3. Grapes are delicious. ブドウがおいしいです。
4. We can eat new rice. 私たちは新米を食べることができます。
5. We can hear crickets' song at night. 私たちは夜にコオロギの歌を聞くことができます。
6. Many schools have sports day. たくさんの学校で運動会があります。
7. We can enjoy Halloween. 私たちはハロウィーンを楽しむことができます。
8. It comes after summer. それは夏の後に来ます。

winter 冬

1. It's cold. 寒いです。
2. We need a sweater. 私たちはセーターが必要です。
3. We need a scarf and gloves. 私たちはマフラーと手袋が必要です。
4. We write New Year's cards. 私たちは年賀状を書きます。
5. We can see snow. 私たちは雪を見ることができます。
6. We can enjoy Christmas. 私たちはクリスマスを楽しむことができます。
7. We sometimes have flu. 私たちはインフルエンザになることがあります。
8. It comes after fall. それは秋の後に来ます。

84 music festival 音楽祭

1. It's a school event. — それは学校行事です。
2. Parents enjoy it too. — 親たちもそれを楽しみます。
3. We practice very hard for it. — 私たちはそれのために一生けんめいに練習します。
4. We sometimes win a prize. — 私たちは賞を取ることがあります。
5. We're sometimes on the stage. — 私たちは舞台に上がることがあります。
6. We sometimes play the recorder. — 私たちはリコーダーを吹くことがあります。
7. We sometimes sing. — 私たちは歌うことがあります。
8. We enjoy music in this event. — 私たちはこの行事で音楽を楽しみます。

sports day 運動会

1. It's a school event. — それは学校行事です。
2. Parents enjoy it too. — 親たちもそれを楽しみます。
3. We practice very hard for it. — 私たちはそれのために一生けんめいに練習します。
4. We can't do it on a rainy day. — 雨の日にはその行事をすることができません。
5. We sometimes win first prize. — 私たちは一等賞を取ることがあります。
6. We often see red and white. — 私たちはよく，赤と白を見かけます。
7. We often run in the schoolyard. — 私たちはよく，校庭で走ります。
8. The Tug of War is popular. — 綱引きは人気があります。

school trip 修学旅行

1. It's a school event. — それは学校行事です。
2. We like it very much. — 私たちはそれが大好きです。
3. We travel together. — 私たちはいっしょに旅行します。
4. We often stay in hotels. — 私たちはよく，ホテルに泊まります。
5. We sleep in the same room. — 私たちは同じ部屋で眠ります。
6. We buy souvenirs. — 私たちはおみやげを買います。
7. Kyoto is popular for it. — 京都はその行事で人気があります。
8. Tokyo Disneyland is popular for it. — 東京ディズニーランドはその行事で人気があります。

学校行事

Children's Day こどもの日

1.	It's an event.	それは行事です。
2.	We can see carps in the sky.	私たちは空に鯉を見ることができます。
3.	We can see *samurai* helmets.	私たちは武士のヘルメット（かぶと）を見ることができます。
4.	We can eat special rice cakes.	私たちは特別なもち菓子を食べることができます。
5.	It's a national holiday.	それは国民の祝日です。
6.	It's the last day of *Golden Week* holidays.	それはゴールデンウィーク休暇の最後の日です。
7.	It's a day for children.	それは子どもたちのための日です。
8.	We celebrate it on May 5th.	私たちは5月5日にそれを祝います。

Doll's Festival ひな祭り

1. It's an event. — それは行事です。
2. It's in spring. — それは春にあります。
3. We can see peach blossoms. — 私たちは桃の花を見ることができます。
4. We can see beautiful dolls. — 私たちはきれいな人形を見ることができます。
5. The dolls wear *kimono*. — 人形は着物を着ています。
6. We display diamond-shaped rice cakes. — 私たちはひし形のもちを飾ります。
7. It's an event for girls. — それは女の子たちのための行事です。
8. We celebrate it on March 3rd. — 私たちは3月3日にそれを祝います。

fireworks festival 花火大会

1. It's an event. — それは行事です。
2. It's usually in summer. — それはたいてい夏にあります。
3. We can enjoy it at night. — 私たちは夜にそれを楽しむことができます。
4. We don't have it in the rain. — 私たちは雨天のときはそれをしません。
5. We can see "flowers" in the sky. — 私たちは空に"花"を見ることができます。
6. We see light and smoke in the sky. — 私たちは空に光とけむりを見ます。
7. We often wear *yukata* for it. — 私たちはそのためによく浴衣を着ます。
8. The Sumida River is famous for this. — 隅田川はこの行事で有名です。

New Year's Day 元日

1.	It's a national holiday.	それは国民の祝日です。
2.	It's in winter.	それは冬にあります。
3.	We eat special food.	私たちは特別な食べ物を食べます。
4.	We often go to shrines.	私たちはよく神社に行きます。
5.	We sometimes wear a *kimono*.	私たちは着物を着ることがあります。
6.	We often get gift money.	私たちはよくお年玉をもらいます。
7.	We often send special postcards.	私たちはよく特別なハガキを送ります。
8.	It's the first day of the New Year.	それは新年の最初の日です。

New Year's Eve 大みそか

1. It's a special day. — それは特別な日です。
2. We go to bed very late on this day. — 私たちはこの日によく，夜ふかしをします。
3. We often eat Japanese noodles. — 私たちはよく，日本のめんを食べます。
4. We often watch a year-end music show on TV. — 私たちはよく，テレビで年末の音楽ショーを見ます。
5. We enjoy the countdown to midnight. — 私たちは夜中の12時までのカウントダウンを楽しみます。
6. We can hear the sound of bells 108 times. — 私たちは鐘の音を108回聞くことができます。
7. It's the last day of the year. — それは1年の最後の日です。
8. It's December 31. — それは12月31日です。

行事

92 star festival たなばた祭り

1. It's an event. — それは行事です。
2. It's in summer. — それは夏にあります。
3. It came from China. — それは中国由来の行事です。
4. We decorate a bamboo tree. — 私たちは笹を飾りつけます。
5. We write a wish on a piece of paper. — 私たちは願いごとを1枚の紙に書きます。
6. Sendai is famous for it. — 仙台はそれで有名です。
7. Orihime and Hikoboshi meet on this day. — 織姫と彦星はこの日に会います。
8. We celebrate it on July 7th. — 私たちは7月7日にそれを祝います。

93 beach 浜辺

1. It's a place. — それは場所です。
2. We can make a sand castle there. — 私たちはそこで砂の城を作ることができます。
3. We use a special umbrella there. — 私たちはそこで特別な傘を使います。
4. We often visit there in summer. — 私たちはよく，夏にそこを訪れます。
5. We get a suntan there. — 私たちはそこで日焼けします。
6. Waves come and go back. — 波が寄せたり引いたりします。
7. There is much sand. — たくさんの砂があります。
8. It's by the sea. — それは海のそばにあります。

lake 湖

1. It's a place. — それは場所です。
2. It's large and deep. — それは広くて深いです。
3. It has water. — それには水があります。
4. We can swim there. — 私たちはそこで泳ぐことができます。
5. We can enjoy fishing there. — 私たちはそこで魚つりを楽しむことができます。
6. We can row a boat there. — 私たちはそこでボートをこぐことができます。
7. Rivers go into it. — 川がそれに流れ込みます。
8. Biwa is a famous one. — 琵琶（湖）はそれの有名な1つです。

mountain 山

1. It's a place. それは場所です。
2. It's big. それは大きいです。
3. It's very high. それはとても高いです。
4. A lot of animals live there. たくさんの動物たちがそこに住んでいます。
5. We can enjoy camping there. 私たちはそこでキャンプを楽しむことができます。
6. We can climb it. 私たちはそれを登ることができます。
7. We can see a beautiful view from the top. 私たちはその頂上から美しい景色を見ることができます。
8. Fuji is a famous one. 富士はそれの有名な1つです。

river 川

1. It's on a map. — それは地図上にあります。
2. It's long. — それは長いです。
3. It has water. — それには水があります。
4. It's sometimes dangerous. — それは危険なこともあります。
5. We can enjoy fishing there. — 私たちはそこで魚つりを楽しむことができます。
6. We can enjoy camping near there. — 私たちはその近くでキャンプを楽しむことができます。
7. It goes into lakes and seas. — それは湖や海に流れ込みます。
8. It sometimes has a dam. — それにはときどきダムがあります。

sea 海

1.	It's on a map.	それは地図上にあります。
2.	It's blue.	それは青いです。
3.	It's cold.	それは冷たいです。
4.	We can swim there.	私たちはそこで泳ぐことができます。
5.	Fish live there.	魚がそこに住んでいます。
6.	Ships cross it.	船がそれを横断します。
7.	Rivers go into it.	川はそれに流れ込みます。
8.	Okinawa is famous for it.	沖縄はそれで有名です。

98 the U.S.A. アメリカ

1. It's a country. — それは国です。
2. It's large. — それは大きいです。
3. Its flag has three colors. — 旗には3色があります。
4. Red, blue, and white are in the flag. — 赤，青，白が旗の中にあります。
5. We can see fifty stars in the flag. — 私たちは旗の中に50個の星を見ることができます。
6. It has the first Disneyland in the world. — その国には世界で最初のディズニーランドがあります。
7. It's famous for the Statue of Liberty. — それは自由の女神で有名です。
8. Its capital city is Washington, D.C. — 首都はワシントンD.C.です。

Australia オーストラリア

1.	It's a country.	それは国です。
2.	It's large.	それは大きいです。
3.	Its flag has three colors.	旗には3色があります。
4.	Red, blue and white are in the flag.	赤，青，白が旗の中にあります。
5.	We can see stars in the flag.	私たちは旗の中に星を見ることができます。
6.	It's in the south.	それは南にあります。
7.	It has deserts.	そこには砂漠があります。
8.	It's famous for kangaroos and koala bears.	それはカンガルーとコアラで有名です。

Brazil ブラジル

1. It's a country. — それは国です。
2. It's large. — それは大きいです。
3. It's in South America. — それは南アメリカにあります。
4. It's very far from Japan. — それは日本からとても遠いです。
5. A diamond shape and a circle are in the flag. — ひし形と円が旗の中にあります。
6. It has the Amazon River. — そこにはアマゾン川があります。
7. It's famous for the Rio Carnival. — それはリオのカーニバルで有名です。
8. People there like soccer very much. — その国の人々はサッカーが大好きです。

101 Canada カナダ

1. It's a country.
   それは国です。

2. It's large.
   それは大きいです。

3. It's in North America.
   それは北アメリカにあります。

4. It's cool and cold all year round.
   一年中涼しくて寒いです。

5. Red and white are in the flag.
   赤と白が旗の中にあります。

6. We can see a red maple leaf in the flag.
   私たちは旗の中に赤いカエデの葉を見ることができます。

7. Many people can speak English and French.
   多くの人々が英語とフランス語を話すことができます。

8. It's famous for *Anne of Green Gables*.
   それは『赤毛のアン』で有名です。

02 China 中国

1. It's a country. — それは国です。
2. It's large. — それは大きいです。
3. It's in Asia. — それはアジアにあります。
4. It isn't far from Japan. — それは日本から遠くありません。
5. It has a long history. — それには長い歴史があります。
6. Many people live there. — そこにはたくさんの人々が住んでいます。
7. We can see a big star and four small stars in the flag. — 私たちは1つの大きな星と4つの小さな星を旗の中に見ることができます。
8. It's famous for giant pandas. — それはジャイアントパンダで有名です。

Egypt エジプト

1.	It's a country.	それは国です。
2.	It's in Africa.	それはアフリカにあります。
3.	It has large deserts.	そこには大きな砂漠があります。
4.	Its flag has three colors.	旗には3色があります。
5.	We can see a golden eagle in the flag.	私たちは旗の中に金色のワシを見ることができます。
6.	It's famous for Cleopatra.	それはクレオパトラで有名です。
7.	We can visit the pyramids.	私たちはピラミッドを訪ねることができます。
8.	We can ride a camel near the pyramids.	私たちはピラミッドのそばでラクダに乗ることができます。

France フランス

1. It's a country. — それは国です。
2. It's in Europe. — それはヨーロッパにあります。
3. Its flag has three colors. — 旗には3色があります。
4. Blue, white, and red are in the flag. — 青，白，赤が旗の中にあります。
5. It has a lot of museums. — そこにはたくさんの美術館があります。
6. Many artists study there. — 多くの芸術家がそこで勉強しています。
7. It's next to Germany. — それはドイツのとなりです。
8. It's famous for the Eiffel Tower. — それはエッフェル塔で有名です。

105 Germany ドイツ

1. It's a country. — それは国です。
2. It's in Europe. — それはヨーロッパにあります。
3. Its flag has three colors. — 旗には3色があります。
4. Black, red, and yellow are in the flag. — 黒，赤，黄色が旗の中にあります。
5. It's next to France. — それはフランスのとなりです。
6. It's famous for sausages. — それはソーセージで有名です。
7. Some Japanese play soccer in its leagues. — その国のリーグでサッカーをしている日本人がいます。
8. It makes very good cars. — それはとてもよい車を作ります。

India インド

1. It's a country. — それは国です。
2. It's in Asia. — それはアジアにあります。
3. It's hot there. — そこは暑いです。
4. Many people live there. — そこにはたくさんの人々が住んでいます。
5. Orange, white, and green are in the flag. — オレンジ色，白，緑が旗の中にあります。
6. We can eat many kinds of curry. — 私たちはたくさんの種類のカレーを食べることができます。
7. We can see a lot of cows in towns. — 私たちはたくさんの牛を町で見かけることができます。
8. We can enjoy *yoga* there. — 私たちはそこでヨガを楽しむことができます。

107 Italy イタリア

1. It's a country. — それは国です。
2. It's in Europe. — それはヨーロッパにあります。
3. Its flag has three colors. — 旗には３色があります。
4. Green, white and red are in the flag. — 緑，白，赤が旗の中にあります。
5. People there like pizza. — その国の人々はピザが好きです。
6. It's famous for spaghetti. — スパゲッティで有名です。
7. Its shape looks like a boot. — その国の形は長靴のように見えます。
8. Rome is an old city in this country. — ローマはこの国の古い都市です。

Japan 日本

1. It's a country. — それは国です。
2. It's in Asia. — それはアジアにあります。
3. It has four main islands. — 主な島が4つあります。
4. A red circle is in the middle of the flag. — 赤い円が旗の真ん中にあります。
5. It has many temples and shrines. — たくさんの寺や神社があります。
6. It has many hot springs. — たくさんの温泉があります。
7. It has a lot of cherry trees. — たくさんの桜の木があります。
8. Tokyo and Osaka are big cities in the country. — 東京と大阪はその国の大きな都市です。

109 Russia ロシア

1. It's a country. — それは国です。
2. It's very large. — それはとても大きいです。
3. Its flag has three colors. — 旗には3色があります。
4. White, blue and red are in the flag. — 白，青，赤が旗の中にあります。
5. It has famous ballet companies. — 有名なバレエ団があります。
6. In the north, it's very cool and cold all year round. — 北部は一年中とても涼しくて寒いです。
7. There are a lot of famous figure skaters. — 有名なフィギュアスケート選手がたくさんいます。
8. Its capital city is Moscow. — 首都はモスクワです。

Spain スペイン

1. It's a country. — それは国です。
2. It's in Europe. — それはヨーロッパにあります。
3. It's next to France. — それはフランスのとなりです。
4. Red and yellow are in the flag. — 赤と黄色が旗の中にあります。
5. It's famous for flamenco dance. — それはフラメンコ舞踊で有名です。
6. People there like paella. — その国の人々はパエリアが好きです。
7. Soccer is a very popular sport there. — その国では、サッカーはとても人気があるスポーツです。
8. It has the church of the Sagrada Família. — そこにはサグラダファミリア教会があります。

111 Thailand タイ

1. It's a country. — それは国です。
2. It's in Southeast Asia. — それは東南アジアにあります。
3. It's hot all year round. — 一年中暑いです。
4. We can ride an elephant. — 私たちはゾウに乗ることができます。
5. We can see five rectangles in the flag. — 私たちは旗の中に5つの長方形を見ることができます。
6. Red, white, and navy blue are in the flag. — 赤，白，紺が旗の中にあります。
7. People there like hot and spicy food. — その国の人々は辛くて香辛料の効いた食べ物が好きです。
8. *Tom yam kung* is a famous soup. — トム・ヤム・クンは有名なスープです。

astronaut 宇宙飛行士

1. I'm a person. 　　　　　　　　　私は人です。
2. I'm strong. 　　　　　　　　　　私は強いです。
3. I wear a heavy suit. 　　　　　　私は重い服を着ています。
4. I need special training. 　　　　私には特別な訓練が必要です。
5. I go to space. 　　　　　　　　　私は宇宙に行きます。
6. I fly a rocket. 　　　　　　　　　私はロケットで旅をします。
7. Some people went to the moon. 　月に行った人もいます。
8. I sometimes live in a space station. 　私はときどき宇宙ステーションに住みます。

baker パン屋, パン職人

1. I'm a person. 　　　　　　　　　私は人です。

2. I have a shop. 　　　　　　　　　私はお店を持っています。

3. I get up very early. 　　　　　　私はとても早く起きます。

4. I use a lot of flour. 　　　　　　私はたくさんの小麦粉を使います。

5. I use the oven. 　　　　　　　　私はオーブンを使います。

6. I bake cakes. 　　　　　　　　　私はケーキを焼きます。

7. I bake bread. 　　　　　　　　　私はパンを焼きます。

8. I sell bread and cakes. 　　　　　私はパンとケーキを売ります。

職業

comedian お笑い芸人

1. I'm a person. 私は人です。
2. I'm often on stage. 私はよくステージに上がります。
3. I often have a partner. 私にはよく相方がいます。
4. I like talking very much. 私は話をすることが大好きです。
5. I'm often on TV. 私はよくテレビに出演します。
6. My jokes are funny. 私の冗談はおもしろいです。
7. People watch me on variety programs. 人々は私をバラエティー番組で見かけます。
8. People laugh at my jokes. 人々は私の冗談で笑います。

cook コック，料理人

1. I'm a person. 　　　　　私は人です。
2. I often wear a cap. 　　　私はよく縁なしの帽子をかぶっています。
3. I use knives. 　　　　　　私は包丁を使います。
4. I often wear an apron. 　私はよくエプロンをつけています。
5. I use pots and pans. 　　私はなべとフライパンを使います。
6. I work in a kitchen. 　　　私は台所で働きます。
7. People like my meals. 　人々は私の作る食事が好きです。
8. I'm good at cooking. 　　私は料理が得意です。

doctor 医師

1. I'm a person. 　　　　　　　　　　私は人です。
2. My uniform is white or blue. 　　　私の制服は白か青です。
3. I know about health very well. 　　私は健康についてとてもよく知ってます。
4. I work in a hospital. 　　　　　　　私は病院で働きます。
5. I help sick people. 　　　　　　　　私は病気の人たちを助けます。
6. I work with nurses. 　　　　　　　　私は看護師と働きます。
7. Sick people come to my clinic. 　　病気の人たちが私のクリニックに来ます。
8. Noguchi Hideyo is a famous one. 　野口英世は有名な1人です。

farmer 農業従事者

1. I'm a person. 私は人です。
2. I don't work at a desk. 私は机に向かって仕事をしません。
3. I work in fields. 私は田畑で働きます。
4. I work with my family. 私は家族といっしょに働きます。
5. I don't live in town. 私は町の中には住んでいません。
6. I keep cows. 私は牛を飼っています。
7. I grow vegetables. 私は野菜を育てます。
8. I work on a farm. 私は農場で働きます。

firefighter 消防士

1. I'm a person. 　　　　　　　私は人です。
2. I'm brave. 　　　　　　　　　私は勇敢です。
3. I'm strong. 　　　　　　　　　私は強いです。
4. I wear a special suit. 　　　　私は特殊な服を着ています。
5. I ride in a red truck. 　　　　私は赤いトラックに乗ります。
6. I fight fires. 　　　　　　　　私は火と戦います。
7. People call 119 for me. 　　　人々は119番に電話をします。
8. I work at a fire station. 　　　私は消防署で働きます。

職　業

pilot パイロット

1. I'm a person. 私は人です。
2. I wear a uniform. 私は制服を着ています。
3. I move very fast. 私はとても速く移動します。
4. I can fly above the clouds. 私は雲の上を飛ぶことができます。
5. I go to many countries. 私はたくさんの国々に行きます。
6. I sit in the cockpit. 私はコックピットに座ります。
7. People see me at the airport. 人々は空港で私を見かけます。
8. I take people to the U.S.A. by jet. 私はジェット機で人々をアメリカに連れて行きます。

120 police officer 警察官

職　業

1. I'm a person. 　　　　　　　　　　私は人です。

2. I wear a uniform. 　　　　　　　　私は制服を着ています。

3. I wear a cap. 　　　　　　　　　　私は縁なしの帽子をかぶっています。

4. I help people in need. 　　　　　　私は困っている人々を助けます。

5. I ride in a black and white car. 　私は黒と白の車に乗ります。

6. I work for safety. 　　　　　　　　私は安全のために働きます。

7. I have a gun. 　　　　　　　　　　私は銃を持っています。

8. I work at the police station. 　　私は交番で働きます。

singer 歌手

1.	I'm a person.	私は人です。
2.	I'm often on stage.	私はよくステージに上がります。
3.	I'm sometimes in a group.	私はグループの中にいることがあります。
4.	I'm sometimes on TV.	私はテレビに出演することがあります。
5.	People often listen to my songs.	人々はよく私の曲を聞きます。
6.	I sometimes write a song.	私は歌を作ることがあります。
7.	People often buy my CDs.	人々はよく私のCDを買います。
8.	I can sing very well.	私はとてもじょうずに歌うことができます。

職　業

122 teacher 先生

1. I'm a person. 　　　　　　　　私は人です。
2. I take care of children. 　　　　私は子どもたちの世話をします。
3. I clean the classroom with children. 　　私は子どもたちといっしょに教室をそうじします。
4. I write on the blackboard. 　　私は黒板に書きます。
5. I eat lunch with the children. 　　私は子どもたちといっしょに昼食を食べます。
6. People can see me at school. 　　人々は学校で私に会うことができます。
7. I give homework to children. 　　私は子どもたちに宿題を出します。
8. I use textbooks. 　　　　　　　私は教科書を使います。

133

vet 獣医

1. I'm a person. — 私は人です。
2. I wear a uniform. — 私は制服を着ています。
3. I like animals. — 私は動物が好きです。
4. I sometimes go to a zoo. — 私はときどき動物園に行きます。
5. I sometimes go to a farm. — 私はときどき農場に行きます。
6. I help sick animals. — 私は病気の動物たちを助けます。
7. Sick animals come to my hospital. — 病気の動物たちが私の病院に来ます。
8. I'm a doctor for animals. — 私は動物の医者です。

なぞなぞの答え合わせが終わったら…

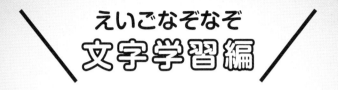

えいごなぞなぞ
文字学習編

ヒント英文の単語や正解の単語を読む，
書くことにつなげるクイズ集です。
ここでは，「えいごなぞなぞ」から4つの単語を取り上げていますが，
同様の方法で他の単語でもクイズをつくることができます。

5つのヒントが読めるかな？
あるモノについての5つの単語のヒントを読んで、
答えを □ の中に日本語で書いてみよう。

①
1. fruit
2. sour
3. yellow
4. vitamin C
5. lemonade

答え

②
1. food
2. dry
3. snack
4. convenience store
5. potato

答え

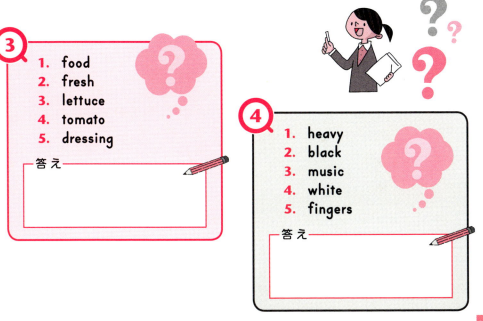

③
1. food
2. fresh
3. lettuce
4. tomato
5. dressing

答え

④
1. heavy
2. black
3. music
4. white
5. fingers

答え

答え合わせ まず、正解とその英語を確認しよう。
次に、ヒントの英語とその意味を見てみよう。
最後に、先生といっしょに発音してみよう。

① 正解 レモン / lemon

ヒント
1. fruit　　　くだもの
2. sour　　　すっぱい
3. yellow　　黄色い
4. vitamin C　ビタミンC
5. lemonade　レモネード

② 正解 ポテトチップ / chips

ヒント
1. food　　　　　食べ物
2. dry　　　　　かわいている
3. snack　　　　おやつ
4. convenience store　コンビニエンスストア
5. potato　　　　ジャガイモ

③ 正解

> サラダ
> salad

ヒント
1. food — 食べ物
2. fresh — 新せんな
3. lettuce — レタス
4. tomato — トマト
5. dressing — ドレッシング

④ 正解

> ピアノ
> piano

ヒント
1. heavy — 重い
2. black — 黒い
3. music — 音楽
4. white — 白い
5. finger(s) — 指

日本語と英語を線で結んでみよう。

日本語	英語
ポテトチップ	piano
レモン	salad
ピアノ	chips
サラダ	lemon

Let's play

右下の４つの単語になるように
○○○内からさがして囲んでみよう。
使わない文字も入っているよ。

```
s p i h c
b i s t o
s a l a d
e n e r g
n o m e l
```

- chips
- piano
- salad
- lemon

次の文字を単語になるようにならべかえてみよう。

① o i a n p

② m e n o l

③ p c i s h

④ l a a d s

次の日本語を英語で書いてみよう。

① レモン

---

② ピアノ

---

③ サラダ

---

④ ポテトチップ

小学校英語 えいごなぞなぞBOOK

2019年3月1日　初版発行

著　　者　　西垣 知佳子（千葉大学教授）
　　　　　　渋谷 玉輝（千葉大学講師）
　　　　　　クルソン・デビッド（立命館大学教授）

イラスト　　イクタケ マコト，天野 明子

発　　行　　開隆堂出版株式会社
　　　　　　代表者　大熊隆晴
　　　　　　〒113-8608　東京都文京区向丘 1-13-1
　　　　　　電話 03-5684-6115（編集）

発　　売　　開隆館出版販売株式会社
　　　　　　〒113-8608　東京都文京区向丘 1-13-1
　　　　　　電話 03-5684-6121（営業）
　　　　　　　　　 03-5684-6118（販売）
　　　　　　http://www.kairyudo.co.jp/

振替　00100-5-55345　　ISBN978-4-304-05173-9
定価は表紙に表示してあります。